L'ORGANISATION

DE

L'ENSEIGNEMENT POPULAIRE

Technique & Supérieur

PAR

Emile-Edmond DELIVET

PRIX : UN FRANC

Au profit du Cercle d'Etudes des Employés de Bureau havrais

HAVRE

Imprimerie du JOURNAL DU HAVRE, quai d'Orléans, 9

1893

L'ORGANISATION

DE

L'ENSEIGNEMENT POPULAIRE

TECHNIQUE & SUPÉRIEUR

L'ORGANISATION

DE

L'ENSEIGNEMENT POPULAIRE

Technique & Supérieur

PAR

Emile-Edmond DELIVET

HAVRE

Imprimerie du JOURNAL DU HAVRE, quai d'Orléans, 9

1893

AVANT-PROPOS

Au cours de quelques travaux déjà publiés, et notamment dans notre Etude sur l'Enseignement professionnel, la question de l'enseignement donné aux adultes a retenu assez longuement notre attention, et les circonstances qui constituent l'état actuel de la question de l'enseignement professionnel y ont surtout été cataloguées et classées, de manière à nous dispenser aujourd'hui de la fatigante documentation à laquelle nous avions considéré qu'il était de notre devoir de nous soumettre.

Cette documentation nous avait fait relever des divergences de principe et d'application aussi nombreuses qu'accentuées, non seulement entre les diverses populations, mais encore entre les professions sur lesquelles notre examen portait. Néanmoins des efforts nombreux et fructueux indiquaient bien en quel état d'avancement réel et de grand progrès la question de l'enseignement professionnel se trouvait. On pouvait recueillir dans cette voie une ample moisson de renseignements satisfaisants, et des travaux utilement illustrés de statistiques et d'observations précises et précieuses, témoignaient de l'active, intense et générale préoccupation des meilleurs esprits à cet égard.

Nous n'en saurions dire autant de l'enseignement populaire supérieur, au sens large et humain du mot, car les nobles tentatives qui ont été faites pour élever et étendre les connaissances générales de nos populations ouvrières, quoique très remarquables dans les résultats qu'elles ont donnés, sont trop peu répandues dans l'ensemble du pays, et sont trop privées de l'organisation qu'elles devraient recevoir, pour qu'on puisse hésiter à dire que cet enseignement populaire supérieur, eu égard à l'ensemble du pays, ne rend pas les services qu'on en doit attendre, et qu'on ne soupçonne pas toujours.

La question, à ce point de vue, est en réalité restée assez neuve, quoique chaque citoyen, par la force même des choses, arrive à se sentir de plus en plus destiné à être une unité intelligente du groupement social.

Même les choses sont à ce point que, surtout

sous l'influence des idées républicaines, chacun évoluant vers un idéal toujours plus élevé, les souffrances et les imperfections, que nos progrès, toujours trop lents, n'ont pu encore faire disparaître, sont maintenant plus vivement senties que jamais.

Il y a là un réel et prochain danger qu'on ne peut regarder avec indifférence, et qui commence à être par trop audacieusement exploité dans certains milieux, où, pour donner quand même de l'aliment à une propagande plus ou moins heureuse, on fait volontiers, et sans trop d'examen, flèche de tout bois.

S'il est consolant de voir qu'une tendance générale est maintenant acquise à l'étude de tous les problèmes qui touchent à la vie sociale, il ne l'est guère de se remémorer les déboires que cause si souvent cette préoccupation d'un si haut ordre.

Il faut pourtant que, systématiquement et courageusement provoquées, les manifestations salutaires en faveur de la paix sociale et du progrès général, viennent jeter une pleine lumière sur les désolantes théories qui tentent, par des campagnes chaque jour plus audacieuses, de dessécher la conscience populaire.

Il faut aussi que ces critiques farouches et furieuses adressées à notre constitution sociale nous incitent à rechercher loyalement

les moyens d'en améliorer plus rapidement
encore les ressorts que son développement a
spontanément fait naître.

Il faut enfin unir nos efforts, au point de
vue social comme au point de vue économique,
pour épargner à notre pays les grandes convul-
sions intérieures qu'une situation terrible et
inévitable semble devoir réserver à l'Europe.

Nous avons maintenant, par exemple, assez
fait d'expériences pour devoir reconnaître
que si le suffrage universel est le procédé par
lequel nous avons à déterminer périodique-
ment, dans une certaine mesure, les destinées
générales de la nation, il n'en est pas moins
vrai que la souveraineté populaire — dont
par des flatteries intéressées on fait communément une sorte d'entité pourvue de qualités
divines — serait un leurre pitoyable, si l'on y
voyait autre chose qu'un commode et paci-
fique procédé de gouvernement, un piège
monstrueux, si l'on n'en faisait qu'un trai-
treux moyen d'abdication civique, un criminel
moyen d'action, si ses arrêts, que dictent trop
souvent la passion, l'intérêt privé et l'ignorance, devaient être regardés comme la sanc-
tion décisive et définitive de la morale politique.

La souveraineté populaire, en effet, ne peut
se justifier qu'autant qu'elle se rattache à ce
que nous entendons par le droit, en en com-

plétant le sens par la notion et la pratique des devoirs, et par une digne et consciente soumission aux nécessités réelles, supérieures et permanentes de la société et de la nation, ainsi qu'aux lois scientifiques qui nous gouvernent tous.

C'est, par conséquent, à nous fournir les moyens de satisfaire, de mieux en mieux, aux conditions des fonctions normales de chacun de nous que doit tendre l'enseignement populaire supérieur; et c'est là même, pour nous, ce qui détermine le cadre et les limites de cet enseignement.

I

DES CONDITIONS NORMALES DU PROBLÈME DE L'ENSEIGNEMENT POPULAIRE SUPÉRIEUR.

Le but que nous nous donnons tous, dans nos études et dans nos entreprises d'ordre général, est le bien-être politique, économique et social ; mais combien peu scientifique est, le plus souvent, la poursuite de ce but, surtout dans l'éducation des masses.

Comme disent nos voisins, les Anglais, l'instruction est le capital qui rapporte les plus gros intérêts ; mais il faut entendre cet aphorisme d'une manière assez philosophique pour comprendre que ce ne peut être normalement et définitivement vrai, que par rapport à l'ensemble d'une population qui s'en serait assuré le bénéfice, et qui, par une conduite de plus en plus digne, comme aussi par un travail de plus en plus facile et productif, jouirait d'une abondance réelle de plus en plus grande, et, par là même, d'une moralité plus haute et plus vraie.

Tout s'enchaîne et se tient. Si compliqué que soit le problème de l'éducation, il revient toujours à un pur problème de mécanique, et nos motifs sont déterminants en raison de leur énergie. Voilà pourquoi les caractères de la question que nous voulons étudier ont une importance et une gravité particulières.

En effet, de la direction, de la durée et de l'intensité des influences morales et matérielles, qui constituent l'éducation générale d'une population, dépendent essentiellement, et nécessairement, la situation présente et à venir de cette population, maintenant surtout que les décisions initiales proviennent de la consécration populaire.

Généralement, c'est purement au milieu social, auquel on appartient par les attaches de famille, d'intérêts ou de goûts, que l'on doit d'adopter ce que chacun appelle, plus ou moins orgueilleusement, *ses* idées, *ses* opinions. Même, les lectures, glanées un peu partout, n'ont presque rien qui ne soit imprévu. En un mot, on ne se détermine pas assez rationnellement, d'après la valeur relative, bien constatée, des motifs invoqués, et l'on subit passivement d'innombrables et fugitives influences, au lieu de se guider d'après une suffisante et méthodique connaissance de l'expérience générale.

Une remarque à faire, c'est qu'actuellement encore, beaucoup d'hommes sont parmi nous comme des barbares : les uns, par le manque d'éducation, les autres, par leur répugnance à concevoir, et à respecter, les besoins collectifs ou personnels

avec lesquels leurs intérêts propres peuvent entrer en conflit.

Et pourtant, la · tendance aussi heureuse que
caractéristique de notre temps marque un avancement très notable des idées, en ce sens qu'il
est aisé de constater partout, aussi bien dans
l'évolution générale des conceptions que dans la
foule des manifestations particulières, un besoin
de plus en plus impérieux, de plus en plus ins-
tinctif, de savoir et de progrès.

D'après cet heureux besoin, le régime politique
vers lequel nous tendons de plus en plus doit
nous assurer le maximum de justice, comme le
régime économique que nous poursuivons doit
nous offrir le maximum de bien-être matériel,
comme enfin, le régime social, à l'édification
duquel tous doivent collaborer, nous promet le
maximum d'ordre et de moralité compatible avec
les exigences de notre nature.

Et cette tendance est satisfaite chaque fois
qu'eu égard aux circonstances, nous réduisons,
dans une mesure sensible, l'indétermination affli-
geante qui, de toutes parts, pèse sur les destinées humaines.

Pour ce qui regarde le domaine politique, cette
observation montre que les pouvoirs publics doivent de plus en plus s'affirmer dans leur autorité
de manière à exercer utilement leur mission, en
même temps qu'ils doivent de plus en plus préci-
ser leur responsabilité, de manière à rester tou-

jours étroitement soumis à la loi des choses, et à donner satisfaction par ce moyen aux vrais intérêts généraux du pays. Elle montre qu'il est du devoir d'un citoyen de n'aller au vote que lorsqu'il s'est assuré la capacité politique nécessaire au jugement dont son vote doit fournir la formule, et, tout au moins, que nous devons avoir pour constante préoccupation de nous mettre toujours en mesure, les uns et les autres, de provoquer de nettes et suffisantes explications sur les questions où nos suffrages sont appelés. C'est qu'il dépend de nous d'être ou les intelligents créateurs d'un bon gouvernement, ou les auteurs inconscients d'un régime néfaste.

Pour ce qui concerne le domaine économique, cette observation souligne nettement la nécessité où nous sommes d'augmenter sans relâche notre bagage technique, afin de maintenir et d'élever notre puissance de production. Elle nous fait aussi nettement apercevoir combien il est pour nous indispensable d'élargir nos conceptions professionnelles pour rat'acher chaque fonction spéciale à l'ensemble de notre système économique, afin de faire converger les efforts des producteurs vers le but commun : le bien-être général, encore sacrifié en mainte et mainte circonstance.

En indiquant ainsi les nécessités auxquelles il faut satisfaire pour assurer l'ordre politique et l'ordre économique, l'observation ci-dessus présente les moyens les plus propres à écarter de notre organisme social les causes des perturbations dont il a souvent à souffrir. La stabilité dans l'ordre politique et dans l'ordre économique nous rapprochera nécessairement de ce maximum de moralité, qui doit être le couronnement de tous les progrès humains.

Quels que puissent être les efforts contraires au but naturel et nécessaire de l'humanité, leur impuissance éclatera chaque fois que leur vraie tendance sera pleinement reconnue ; et il en sera ainsi parce que toute création humaine tend naturellement à réclamer un concours de plus en plus étendu, ce qui assure finalement la prédominance à l'intérêt le plus général, et par ce qu'ainsi les moyens d'action à la disposition de l'homme assurent aux collectivités qu'il forme un développement et un contrôle de plus en plus rapides et décisifs.

Déjà, dans une foule de cas, tous les pays font cette expérience, et le progrès, dans son rayonnement, plane au-dessus de tous les peuples en exerçant sur tous les esprits une attraction à laquelle aucun d'eux ne peut se soustraire, puisqu'il n'en est aucun qui ne l'affirme en s'affirmant lui-même.

Quelque conception que l'on puisse adopter comme formule générale de la société humaine, le fait seul de raisonner sur l'association qui la constitue, et la maintient, impose, irréfragablement, le principe capital du **devoir**, qui, dans tous les cas quelconques, doit pouvoir s'énoncer comme étant la formulation systématique et déterminante d'une situation sociale nécessaire.

Le devoir est donc fatalement en rapport étroit avec l'état d'avancement d'une société, car il en est, à toute époque, et selon les conditions offertes par cette époque même, le lien à la fois légitime et indispensable.

Sans cette observation initiale, il serait impossible de comprendre, et d'apprécier, les fonctions que peuvent normalement remplir les citoyens pour conduire le plus rapidement et le plus sainement possible la société humaine aux fins vers lesquelles elle tend spontanément; mais ce court aperçu nous permet déjà d'affirmer que, normalement, et de plus en plus, c'est-à-dire au fur et à mesure du développement de la civilisation, par l'accroissement du bien-être et de la moralité, le devoir doit devenir l'acceptation active, systématique et continue, d'une responsabilité déterminée et justifiée scientifiquement.

La constitution de la société peut éprouver des accidents et manifester des imperfections; mais dans sa *base* et dans son *ensemble*, elle ne peut jamais apparaître comme chimérique, monstrueuse et anormale, attendu qu'elle ne peut être considérée que comme le développement, plus ou moins rapide et aisé, d'une formation spontanée et nécessaire.

Cette manière de voir rappelle, avec une constance que nous croyons suffisante, l'inévitable déterminisme, l'incessant enchaînement de tous les faits. C'est là un terrain sur lequel nous pouvons nous établir en toute confiance.

Quelque lenteur que mette à s'approcher l'avenir consolateur et réparateur, nous n'avons pas lieu de désespérer, comme nous le pouvons voir en comparant le présent au passé, et nous devons reconnaître même un principe de force dans la nécessité où nous sommes de faire pour l'avenir ce que le passé a fait pour nous. Cela nous est d'autant plus facile que le sens collectif s'élargit de nos jours considérablement, sous l'énergique pression de nos progrès matériels et moraux.

Quant aux appréhensions que peut faire naître le tapage mené par nos modernes millénaires, nous en aurons diminué la gravité, lorsque nous mettrons le bon sens des travailleurs à même de se reconnaître au milieu des doctrines qui se disputent sa conquête. On ne peut ni longtemps, ni sérieusement dissimuler que, sous d'infinis rapports, il n'y a personne sans supérieurs et personne sans inférieurs, et qu'à la vérité, ce fait inévitable est dans une réelle et profonde harmonie avec les nécessités de l'existence individuelle et de l'existence collective.

D'après la considération de l'ensemble de nos relations avec le monde et avec l'homme, nous pouvons reconnaître quatre grandes catégories de fonctions distinctes, accomplies par chaque citoyen digne de ce nom, et comportant, chacune, un ensemble de devoirs ou d'obligations morales — plus ou moins précises, selon le degré de conscience de l'agent — qui concourent à faire du citoyen un actif et persistant agent de progrès.

Ces fonctions sont les fonctions physiques, économiques, civiles et civiques. Elles s'exercent toujours au profit ou au dommage de la collectivité, quelque contraires que puissent être les résultats donnés par une observation trop localisée ou trop courte, et jamais l'individu ne peut s'en attribuer exclusivement les avantages ou les désavantages. Par une invincible loi de nature, ces résultats sont nécessairement d'ordre social, et, bonne ou mauvaise, toute réelle et permanente acquisition humaine demeure à l'humanité.

Ces fonctions constituent un régime, c'est-à-dire un ensemble de moyens systématiques, de plus en plus rigoureux, tendant au degré le plus faible, à maintenir les acquisitions sociales et morales — ce qui représente nos besoins d'ordre et de stabilité — et à les développer énergiquement dans son degré le plus éminent — ce qui répond à nos aspirations vers le progrès. C'est ce que nous pouvons reconnaître par un rapide regard sur l'ensemble des réactions sociales et morales, normalement conçues, en considérant ces fonctions dans leur base, leur but et leur moyen, au point de vue collectif et au point de vue individuel, sans cependant prétendre donner un caractère exclusif à leur destination essentielle.

Au point de vue collectif ou social, les fonctions *physiques* ont pour base la rénovation continue des forces musculaires et nerveuses dont nous disposons; elles ont pour but d'assurer la longévité la plus grande chez les agents sociaux, et elles ont pour moyen les ressources de l'hygiène.

Au point de vue individuel ou moral, elles ont pour base l'activité spontanée que nous devons à la vie ; elles ont pour but de nous assurer une bonne santé, et elles ont pour moyen un judicieux exercice de l'ensemble de nos facultés.

Au point de vue collectif, les fonctions *économiques* ont pour base la production des aliments, et de tous les moyens propres au meilleur aménagement et à la plus grande utilisation du milieu cosmique; elles ont pour but d'assurer notre avenir par l'épargne; elles ont pour moyen le choix d'un travail utile et rémunérateur.

Au point de vue moral, elles ont pour base nos besoins corporels, musculaires et nerveux ; elles ont pour but de nous tenir et de nous maintenir dans un état de bonne humeur; elles ont pour moyen l'exemple et l'expérience.

Au point de vue collectif, les fonctions *civi-*

les ont pour base l'éducation générale; elles ont pour but d'élever nos mœurs; elles ont pour moyen la loi, dans son sens le plus large et non pas seulement dans le sens exclusivement pénal.

Au point de vue individuel, elles ont pour base l'attachement que l'on a pour ses proches et pour ses amis, la reconnaissance qu'excitent en nous les dévouements que nous avons connus ; elles ont pour but de déterminer dans tous les cœurs un sentiment de bon vouloir ; elles ont pour moyen les traditions et l'éducation.

Au point de vue collectif, les fonctions *civiques* ont pour base la conscience de la solidarité générale des humains; elles ont pour but de nous conduire à l'unité humaine; elles ont pour moyen la science.

Au point de vue moral elles ont pour base la vénération, l'attachement et la bonté; elles ont pour but d'élever le niveau de notre bon sens; elles ont pour moyen la philosophie et l'histoire.

L'individu, la famille, la patrie, l'humanité figurent essentiellement le domaine où s'exercent respectivement les fonctions physiques, économiques, civiles et civiques, et le régime normal constitué par ces fonctions aboutit nécessairement à la vigueur, à la fermeté, à la rectitude, à la conscience chez l'individu, comme il entretient la liberté, le bien-être, l'ordre et la paix dans les Etats.

II

L'INSUFFISANCE DE L'ENSEIGNEMENT POPULAIRE ACTUEL

Rien ne serait facile, malheureusement, comme de démontrer par des faits nombreux et importants — si la chose n'était connue au point d'en être banale — combien l'empirisme le plus arbitraire domine trop souvent nos résolutions collectives, et combien la conscience populaire s'affaiblit dans de certains cas, où les excitations, politiques ou autres, sont particulièrement violentes et forcées. Et cela s'explique aisément, pour peu qu'on réfléchisse au peu d'ordre et de choix qui règne dans les renseignements qu parviennent au public, pris dans son ensemble et qui doivent lui fournir le moyen de se déterminer en face des sollicitations ou des provocations, vraies ou non, qui lui sont adressées, et qui, trop de fois, spéculent sur nos préjugés mauvais, notre ignorance, et nos mauvaises habitudes intellectuelles et morales.

Accoutumés à voir les choses sous un jour superficiel et tapageur, voire même scandaleux, nous ne sommes plus capables de grandes émotions, de grands mouvements, semble-t-il, qu'à la condition de leur donner une direction négative, et, inconsciemment, nous contribuons, les uns et les autres, à l'aggravation du désordre qui sévit si fâcheusement dans les idées et les sentiments.

Le continuel jugement que nous avons à porter sur les choses, et qui résulte de l'éducation générale, dans laquelle il verse à chaque instant de nouveaux éléments, exige que des moyens suffisants d'examen et de contrôle soient donnés systématiquement aux citoyens ; or, il n'est pas douteux que cette condition n'est que rarement, très rarement remplie. Mais il est surtout impossible de regarder comme indifférent, l'abandon moral et intellectuel dans lequel on laisse la très grande majorité des jeunes gens, des jeunes apprentis, tant au point de vue professionnel qu'au point de vue civique.

C'est à présent un cliché de tous les jours que de répéter que, depuis la Révolution française, il n'y a plus de classes parmi nous, et que l'ensemble des citoyens forme une seule et même collectivité politiquement homogène. Cette affirmation n'est vraie que dans une proportion encore faible, et, pour s'en convaincre, il suffit de songer pendant un instant, si court soit-il, aux profondes différences que des vues attardées

et superficielles maintiennent, et risquent de
maintenir longtemps encore, entre les enfants
du pays, au point de vue de la participation
effective dans la formation et la direction de
l'opinion publique.

Il y a là un danger qu'on ne voit pas assez,
et qui, par le profond fossé que ces différences
créent dans l'éducation, tend à séparer irrémé-
diablement des catégories entières de citoyens.

Malgré les apparences, le progrès des mœurs
et des idées est beaucoup trop lent, par rapport
à la facilité donnée aux hommes, par nos progrès matériels, de correspondre et de se dépla-
cer ; par rapport ensuite à la rapidité avec
laquelle les répercussions politiques, économiques et sociales rendent solidaires les populations les plus distantes ; par rapport enfin à ceci
que nos prétentions, plus ou moins avouées, à
l'infaillibilité dans les choses qui nous touchent
le plus, sont généralement proportionnelles à
notre ignorance des relations nécessaires et
inévitables qu'accusent entre eux les faits de
tout ordre.

S'il est trop sensible qu'une distance infran-
chissable sépare *de la jeunesse ouvrière* ce que
l'on appelle *la jeunesse des écoles*, prises chacune dans leurs masses, il n'est pas moins évident que le cours de la vie ne fait qu'accentuer
les divergences profondes que cette séparation
introduit dans la manière de voir et de sentir

des futurs citoyens, et qu'il faut regarder comme un grand malheur la démoralisation qui trop de fois en résulte, pour ceux qui sont en haut comme pour ceux qui sont en bas de l'échelle sociale.

Cet abandon dans lequel on laisse la jeunesse ouvrière est une des plus lamentables choses de l'époque, parce qu'elle laisse le chemin libre aux pires ferments de désorganisation sociale, et prépare ainsi l'avortement des progrès qu'en d'autres domaines nous nous efforçons incessamment de réaliser.

Si l'on n'y prend garde, et au train dont vont les choses, la jeunesse ouvrière tout entière, d'ici à quelques années, ira verser lamentablement dans des utopies dangereuses, nécessairement génératrices de troubles sociaux dans lesquels pourraient être compromis, mêmes perdus, au grand dommage de tout le corps social, les résultats péniblement acquis jusqu'alors par le développement graduel des forces politiques, économiques et sociales des populations.

On se rit, au fond, trop facilement aujourd'hui des conséquences que peut avoir notre insouciance à l'égard de l'éducation générale des citoyens, et l'on n'accorde d'attention à cette question qu'au seul point de vue électoral ; mais cette indifférence et cette inertie sont pour nous mener loin cependant, car en laissant se fausser la conscience populaire, nous préparons, en fait, les plus effrayants désordres ou les pires réactions, sans pouvoir sérieusement croire que les futures classes dirigeantes, que représente la brillante jeunesse des écoles, soient le moins du monde armées, au point de vue économique et social, de la forte préparation qui leur serait pourtant nécessaire le jour où il leur faudrait répondre, tête pour tête, aux besoins d'une situation fortement troublée.

Un grand et récent mouvement économique dont les conséquences pèseront lourdement sur l'avenir est venu en effet montrer, dans toute l'Europe, que les classes dites dirigeantes, et qui tiennent dans leurs mains et à leur discrétion le capital matériel et intellectuel de l'Occident sont, en réalité, incapables de s'élever, dans leur ensemble, à des vues vraiment générales, et montrent, par égoïsme et par incivisme, ou par ignorance, des aspirations bien inférieures à celles qui passionnent les populations ouvrières, aspirations que ces dernières ne peuvent cultiver malheureusement, à cause même de l'étroitesse égoïste des vues intéressées des classes dirigeantes, qu'en se ralliant à des doctrines qui, bien qu'affirmant un idéal élevé et généreux, n'ont et ne peuvent avoir qu'une valeur critique, et négative, au moins par rapport à la base tant de fois séculaire de l'organisation sociale actuelle.

Entre l'école primaire et le régiment, il y

*a un creux qu'il faut combler de toute néces-
sité dans l'éducation populaire*, car il porte
précisément sur la période capitale de la vie, au
point de vue de la formation de la raison et du
bon sens, et de l'acquisition des connaissances
nécessaires à l'accomplissement des devoirs professionnels et civiques.

Peut-être n'aborde-t-on pas assez ce problème
pour en avoir exagéré les conditions, et pour
n'en avoir pas su déterminer rationnellement les
limites. Or, normalement considéré, le but de
l'enseignement populaire doit être de faire des
citoyens utiles et conscients, et non pas des
savants proprement dits, ou des pastiches d'aca-
démiciens, encore moins des mendiants diplomés, des parasites ou des perturbateurs. Du
reste, tous ceux qui ont eu à faire œuvre de réel
enseignement, tous ceux qui ont eu à pétrir
l'aliment réclamé par des cerveaux humains,
savent assez combien est délicate et pénible, la
tâche d'accoucheur d'esprits, et combien il faut
se garder des illusions en cette matière, où le
point de vue social n'est pas assez invoqué pour
prévenir et empêcher les découragements, ou
pour refréner de déplorables exagérations individuelles.

Cet enseignement populaire, technique et supérieur, auquel nous consacrons la présente étude,
doit donc être caractérisé par un profond sentiment social répondant bien à la fois à la largeur

de son programme et à la positivité de ses vues utilitaires. Il doit toujours pouvoir offrir à la population l'explication des problèmes auxquels elle se heurte, et qu'elle doit résoudre, et à l'individu, des moyens d'action de plus en plus puissants pour démêler et mettre à profit le vrai et le plus utile des choses qui l'entourent. Cet enseignement pour porter tous ses fruits, et participer efficacement à la rénovation nécessaire à la population, *doit devenir la meilleure source et la plus communément recherchée des renseignements nécessaires à l'opinion publique*, trop nourrie aujourd'hui du fruit de glanes aussi acharnées qu'incohérentes.

C'est avec infiniment de raison que, dans son traité *De l'Education*, Herbert Spencer a pu dire :

De tout ce qu'on enseigne communément dans les cours d'études, bien peu de chose peut servir à guider l'homme dans sa conduite de citoyen. Une petite partie seulement de l'histoire telle qu'on l'écrit peut avoir pour lui une utilité pratique, et rien ne le prépare dans l'éducation qu'il reçoit, à en faire un utile usage. Il lui manque nonseulement les matériaux, mais même l'idée de la sociologie descriptive, et il lui manque aussi ces généralisations des sciences organiques sans lesquelles la sociologie descriptive elle-même lui serait de peu de secours.

Et quelque soin qu'on puisse apporter à l'enseignement primaire, ces observations seront toujours justes, car cet enseignement, si habilement organisé qu'il puisse être, n'a plus d'action suffisante sur la population, à partir d'un âge où l'on n'a pas cessé d'être enfant, et pendant un long temps avant l'exercice des droits et des devoirs du citoyen et du travailleur.

On a bien cherché, mais d'une manière beaucoup trop heurtée et insuffisante, à tenir la population en haleine au moyen des journaux, des livres, des brochures, des conférences et des discours ; mais ces moyens sont entre eux sans lien et sans suite, et, par cela même, nécessairement moins utiles qu'ils ne devaient l'être, car, pour trouver de prime-abord le niveau moyen d'auditeurs ou de lecteurs rassemblés comme au hasard, il n'est guère possible, même au plus habile vulgarisateur, d'entrer sérieusement et utilement dans le plein des questions étudiées.

Nous assistons à une immense révolution économique et sociale dont la disparition de l'apprentissage n'est qu'un des côtés. Comment donc ne comprend-t-on pas mieux, à mesure que s'accomplit ce grand mouvement, la nécessité de développer, de compléter l'enseignement populaire, d'élargir le sens technique et scientifique de la population laborieuse, et surtout de la jeunesse ? Comment ne s'élève-t-on pas à une meilleure connaissance du groupement social pour ruiner les principes et les causes de tant d'erreurs et de tant de malentendus ?

Rien qu'au point de vue de l'apprentissage industriel, c'est avec beaucoup de sens qu'au Congrès international de l'enseignement technique M. Muzet observait ce qui suit :

Je ne dis pas qu'on ne fait plus d'apprentis ; on en fait encore beaucoup dans presque toutes les industries ; mais l'apprentissage n'est plus aussi complet qu'il était jadis, et cela tient surtout au progrès de l'industrie qui entraîne à la spécialisation pour la production à bon marché.

Pour régénérer l'apprentissage, les moyens les plus divers sont proposés, mais la diversité des théories, des doctrines, des méthodes et des procédés ne porte pas atteinte à l'unité du but qui se confond pour les uns comme pour les autres, *étatistes* et *non-étatistes*, dans l'élévation du niveau moral, économique et politique de la population.

On n'a pas là, en vérité, l'équivalent de deux dogmes différents, radicalement et éternellement ennemis, qui peuvent être opposés l'un à l'autre, et qui s'annulent l'un l'autre ; on y a, au contraire, l'équivalent de deux forces qui, selon les circonstances, se suppléent, se combinent ou se substituent, dans une même direction, malgré de temporaires déviations.

En reconnaissant que la spécialisation a tué l'apprentissage en nombre de cas, et dégradé trop souvent le travailleur, on pose à la fois le problème et sa solution.

Le travailleur ne doit pas être déconsidéré vis-à-vis de lui-même ; il ne doit pas être découragé vis-à-vis de l'importance croissante de l'outillage matériel ; il ne doit pas se croire réduit au rôle d'un accessoire de machine. Il mérite d'être relevé par le savoir et par la conscience de son rôle social. Il faut qu'il soit réellement regardé comme le premier et l'indispensable associé de toute entreprise. Il faut qu'il se reconnaisse comme directement intéressé au progrès général, moral et matériel. Il faut qu'il apprécie et son importance et ses responsabilités. Il faut qu'on ait souci de ses besoins et de sa dignité.

Nous faisons ainsi allusion à la nécessité de vulgariser systématiquement les données scientifiques dans l'ordre moral, économique et politique, afin d'empêcher les déviations désordonnées et inconscientes de l'opinion publique, si souvent faussée de nos jours, en face de la gravité et de la complexité de plus en plus grande des problèmes auxquels elle doit pourvoir.

Nous vivons, en effet, à une époque et sous un régime où l'importance des conceptions et des déterminations populaires par rapport à l'organisation et à l'exercice de la puissance publique, comme à l'égard du mouvement économique et social, devient de plus en plus grande, et où chacun de nous se trouve incessamment sollicité de porter un jugement pouvant prendre en de certaines circonstances, et par sa propagation rapide, un caractère décisif. Or, combien de fois la compétence et l'impartialité, bases normales de tout jugement rationnel, manquent-elles au public interrogé dans les plus graves circonstances !

Ces considérations montrent assez que c'est à l'éducation générale des populations, selon les besoins de l'époque, qu'il faut s'attacher comme à la question essentielle, à laquelle toutes les autres sont nécessairement subordonnées.

Une entreprise aussi grandiose et aussi capitale ne donnera évidemment pas immédiatement tous ses fruits ; mais elle ferait assez si elle pouvait agir assez tôt pour nous soustraire à ces *emballements* funestes, et plus ou moins frénétiques, qui, s'ils pouvaient arriver aux fins vers lesquels ils tendent, auraient pour résultat de confier les plus graves et les plus urgents problèmes de l'époque *aux individualités les moins préparées à en fournir la solution.*

III

DE LA MESURE A GARDER DANS L'EFFORT A PRODUIRE

Pour nous garder des exagérations dont un premier enthousiasme s'affranchit toujours si difficilement, il convient d'insister sur les conditions à remplir pour atteindre d'une manière satisfaisante l'objet qu'on se donne pour but. Mais déjà le plus grand danger de ces exagérations se trouve écarté, quand, comme nous l'avons fait dans nos précédentes publications concernant l'enseignement donné aux adultes, on s'établit sur le terrain d'un appel à l'initiative privée, dont la supériorité économique et sociale, par rapport à l'enseignement professionnel et par rapport au complément populaire de l'enseignement primaire, résulte assez de la documentation présentée dans notre *Etude sur l'enseignement professionnel ;* outre que, dans un tel domaine, où pendant longtemps l'empirisme pourra légitimement compter sur de beaux jours, la plus grande diversité d'application est évidemment très nécessaire.

A notre sens, il faut viser à une utilisation plus large, plus complète, et moins onéreuse, des moyens d'action que représentent, dans l'ordre moral, économique et politique, les cours publics et les conférences populaires.

Des cours, formant un enseignement graduel et complet, tant doctrinal que pratique, principalement destiné aux jeunes gens des classes ouvrières — expression qu'il faut entendre dans son sens le plus large — des lectures choisies, des discussions méthodiques ; voilà, nous semble-t-il, ce qu'il convient d'organiser systématiquement, avec une suite de conférences et de publications se rattachant les unes aux autres.

Par là, les citoyens seraient mis à même de se tenir rationnellement au fait des problèmes à l'ordre du jour, et de suivre le mouvement général des connaissances et des applications humaines, d'une manière très ordonnée, en même temps que très suffisante et accessible.

Toutefois il va sans dire que le plus grand danger que puisse courir une telle création, résulterait des efforts qu'on ne manquerait pas de faire pour la mettre au service, plus ou moins apparent, de politiciens quelconques ; mais l'intérêt propre de l'œuvre, nous en avons la conviction, inspirerait heureusement une digne indépendance à ses chefs, d'ailleurs recrutés d'une manière très large et très libérale.

Il peut y avoir là toujours un noble et bienfaisant effort à accomplir, dont l'action réelle, incontestable, transformerait les esprits de la plus heureuse manière, et donnerait bientôt plus de puissance à la conscience populaire. L'opinion publique éclairée sans passion, avec une méthode scrupuleuse et constante, serait ainsi à l'abri de ces redoutables malentendus, dont, malheureusement, on ne se préoccupe sérieusement que quand il est devenu presque impossible de les dissiper sans recourir à la force.

C'est d'ailleurs sur la jeunesse la plus active, la plus laborieuse, qu'un tel effort agirait le mieux, puisqu'il viendrait combler le vide dans lequel trop généralement l'intelligence de l'enfant est laissée au sortir de l'école. C'est aussi à la jeunesse qu'il importe le plus de recueillir des impressions puissantes au point de vue social, afin d'atténuer le plus possible les excitations animales qui l'énervent tant, et qui, insuffisamment combattues, ruinent si souvent les plus belles espérances, les avenirs le mieux préparés, et les plus florissantes santés.

Heureusement que ceux-là sont très énergiquement portés à vouloir épargner à ceux qui doivent les suivre, beaucoup de ces travers et beaucoup de ces embûches qu'ils n'ont pu toujours éviter, qui ont senti de bonne heure le poids des nécessités matérielles de l'existence et à qui plus tard la vie a été plus clémente. C'est à l'énergique concours de citoyens ayant connu la rude et forte école de l'expérience personnelle et de la responsabilité individuelle, qu'il convient bien de faire spécialement appel, car ceux-là, mieux que d'autres, savent à quelles difficultés se heurte l'éveil de la conscience et de l'initiative.

Et pourtant, chaque citoyen vraiment digne de ce nom, comme serait un père de famille, vivant et faisant vivre les siens du fruit de son travail, ne peut entièrement mériter l'estime publique, qu'à la condition de se préoccuper activement des questions qui dominent le sort de sa famille, en enveloppant toute la vie sociale.

Il faut donc aimer à raisonner les choses qui passent à notre portée, comme il faut tâcher d'étendre celles-ci le plus qu'il nous est possible. C'est, en effet, pour nous un devoir qu'il ne faut pas considérer comme accompli parce que nous aurons, avec plus ou moins d'attention et de discernement, étudié quelques-uns des points le plus en vue des questions actuelles.

Il faut réagir contre l'abandon moral et intellectuel, trop fréquent et trop général, de l'enfant, du jeune homme sorti des écoles. Cet abandon prédispose malheureusement ces futurs éléments et organes de l'opinion publique à une déplo-

rable inertie anarchique, et il serait aussi criminel que dangereux de se désintéresser d'une
telle situation. Il faut trouver un moyen de dis-
cipline scientifique et morale, dont les effets personnels, matériels et intellectuels, auraient pour
conséquence sociale l'augmentation des ressources économiques, et la consolidation de la
paix sociale.

Le temps est donc venu d'organiser partout
des centres d'études et de vulgarisation par rapport aux plus importants problèmes de la vie
politique, économique et sociale, car il ne sufît
plus de les étudier pour soi-même, et l'isolement
le plus studieux profite peu à qui s'y livre ainsi
qu'aux autres.

« Les exemples vivants sont d'un autre pouvoir. »

C'est par le groupement que l'on peut le mieux
réussir à donner aux idées l'application qu'elles
comportent, selon le milieu où elles germent.

Ceci sert à nous rappeler avec quel soin il faut
donner à l'instruction populaire son véritable
caractère. Il ne faut pas, en effet, contribuer
plus longtemps au déclassement social. Il ne
faut pas créer davantage des catégories nombreuses de malheureux et savants *inutiles*. Il
ne faut pas donner à ceux que l'on instruit le
goût et l'habitude des prétentions ridicules. Il ne
faut pas, par la plus funeste culture, décapiter
la population laborieuse de ses meilleurs repré-

sentants. Il ne faut pas lancer les mieux doués de ces derniers dans des rêveries de millénaires.

Il ne faut pas, enfin, que l'instruction reçue inspire le dégoût du travail nécessaire, et ne soit propre qu'à alimenter jour par jour, et heure par heure, l'envieuse et dolente critique de ceux qui se croient des *génies incompris*, ou l'incurable rancune des *ratés* de l'existence, victimes misérables de prétentions follement suggérées.

L'enseignement auquel nous faisons allusion doit comprendre à la fois l'éducation et l'instruction. Il doit avoir la base la plus scientifique, la plus générale et la plus accessible, et doit pouvoir se prêter à toutes les spécialisations subséquentes qui seraient nécessaires, selon les besoins de la population et de la région. Mais s'il est bon de mettre en commun ce qui peut y être mis au point de vue de l'enseignement, il ne faut pas viser à une lamentable confusion des professions, *non plus qu'il ne faut viser à faire des* **patrons**, mais bien des travailleurs dans la pleine et légitime valeur du mot.

Car c'est un mensonge de dire aux travailleurs qu'ils doivent tendre à devenir des patrons et des contre-maîtres. Ce ne peut être là un but social et sain, mais bien, au contraire, une vue dangereuse et perturbatrice.

Les travailleurs ne peuvent avoir pour but que de devenir de bons citoyens, et, pour cela, il leur faut devenir de bons ouvriers et de bons pères de famille. C'est là pour eux le moyen d'affirmer le vrai patriotisme, en contribuant à donner au pays un ensemble de familles bien constituées et jouissant, au physique et au moral, du bien-être réel et nécessaire, auquel l'état d'avancement de notre civilisation permet aujourd'hui de prétendre, selon la condition sociale de chacun de nous.

Dans l'enseignement que peuvent procurer des cours publics et des conférences, il y a deux écueils particulièrement redoutables qu'il faut toujours tâcher d'éviter : l'un consiste à donner un caractère trop ardu aux études, par le langage et les méthodes qu'on y emploie ; l'autre tient dans des exigences matérielles incompatibles avec les disponibilités des auditeurs-élèves et les nécessités mêmes d'un tel enseignement.

C'est en matière de vulgarisation surtout qu'il est vrai de dire que la lettre tue et l'esprit vivifie, car c'est là qu'il faut essentiellement prêcher d'exemple. C'est là que le professeur doit être comme un ami qui fait profiter ses amis de son savoir et de son expérience, et non comme un prêtre maniant des mystères et imposant la science à la manière d'une révélation extra-humaine. C'est là qu'il faut s'attacher à inspirer le respect et l'amour du savoir, et à développer le sentiment social. C'est aussi là qu'une vigilance particulière s'impose, afin que l'appel aux intelligences et aux consciences ne prenne pas aux yeux des auditeurs l'aspect d'une dérision écœurante et abominable.

Nous avons personnellement connu des cours publics où paraissaient tantôt un professeur ivrogne, tantôt un fainéant rêveur, tantôt un noceur épuisé, tantôt un plaisant cynique. Nous avons connu pareillement des cours où aucune méthode n'était suivie, et d'autres où une application apparente et artificielle cachait mal une somnolence intellectuelle générale.

Nous avons connu des critiques faites par les propres professeurs sur les procédés à eux imposés, et qui ne peuvent que ruiner ce qui est essentiel en ces matières, l'amour de l'étude. Nous avons connu des constatations sur le dégoût du savoir, résultant chez les élèves d'obligations puériles et le plus souvent impossibles à suivre pour des gens qu'un travail quotidien réclame. Nous avons vu, enfin, maintes fois, des esprits bien doués ne pouvoir persister dans des études relativement faciles, mais qui, pour être utilement entreprises, exigeaient une clarté et un entrain que leur enlevaient toujours de fastidieuses et nuisibles impositions scolaires.

Cependant, même dans ces conditions défectueuses, les cours rendaient encore de réels et importants services, par l'effet de l'émulation entretenue parmi les élèves, qui y gagnaient d'eux-mêmes, et par le seul contact de leurs esprits sur un même sujet, une incitation vigoureuse, les portant à suppléer par un travail personnel à l'insuffisance flagrante de l'enseignement à eux présenté. Ils y gagnaient au moins, et c'est beaucoup, de pouvoir mesurer leur ignorance, et de reconnaître la nécessité de s'en affranchir.

Mais si les cours publics doivent être surtout préparés pour les jeunes gens, les hommes faits doivent pouvoir les suivre également, sans que les habitudes de famille en souffrent, et c'est pour cela même que la forme de vulgarisation que représentent les conférences et les cours publics est si heureuse ; outre que l'exagération individuelle et l'infatuation personnelle s'en trouvent réprimées, au contraire de ce qui arrive avec certaines natures, chez qui un isolement studieux cause trop souvent un maladif pédantisme, en éteignant le sentiment social.

Il s'est fait beaucoup d'efforts dans l'enseignement des adultes, et l'on sait à quel point l'empressement du public répond généralement au dévouement des organisateurs des cours et conférences ; or. en comparant, d'une part, le bon accueil reçu par les institutions de ce genre, et de l'autre, la disproportion, si réelle et si importante, entre ce qui se fait déjà et ce qui devrait pouvoir se faire, on est conduit à penser qu'en systématisant et en complétant cet enseignement, on aiderait à former de grands et actifs centres de fermentation intellectuelle, au point de vue scientifique et artistique, comme au point de vue économique et social.

Toutefois, dans de telles matières, nous l'avons dit, les exagérations sont à craindre, et il importe de ne jamais perdre de vue que l'ensemble des nécessités sociales doit permettre de formuler la base et les limites d'une telle action, dont l'objet doit être, essentiellement, d'étendre graduellement, en le continuant et en l'élevant, l'enseignement primaire mis à la disposition de la nation, avec une certaine et suffisante spécialisation, par la vulgarisation des plus nécessaires notions scientifiques et des meilleurs procédés techniques et professionnels.

A ce dernier point de vue surtout, il y a à redouter une action superficielle, dont l'exagération peut conduire à des résultats directement et funestement contraires au but poursuivi. On nous comprendra en lisant et en méditant les quelques lignes ci-après, que nous extrayons d'un rapport donné en Novembre 1888, par M. Goudareau, gérant du consulat de France à Yokohama ;

Les Chambres de commerce et les sociétés d'encouragement ont fait, nous devons le reconnaître, de louables et généreux efforts ; mais ce qu'il nous faut à l'étranger, dans des pays considérés à tort comme nouveaux, où les plus grandes affaires se traitent aujourd'hui par le télégraphe, ce ne sont point des élèves commerçants, si capables qu'ils puissent être, mais bien des capitaux ou des crédits pour développer notre commerce national ; sans préjuger les résultats obtenus par les jeunes patronnés des Chambres de commerce ou les boursiers, il y a tout lieu de croire, en présence de la situation actuelle, qu'à de rares exceptions près, ces missions n'ont point donné ce que l'on se croyait en droit d'en attendre.

Dans ce même ordre d'idées, il y a encore à signaler une tendance dont l'exagération a les plus funestes conséquences, en raison surtout de la dispersion habituelle des efforts accomplis dans les œuvres de vulgarisation scientifique et technique. Il faut, en effet, prendre bien garde à cette tendance que nous ne pouvons pas ne pas blâmer, et qui consiste à rejeter sur les municipalités, les chambres de commerce, etc., les institutions que l'on a lancées et que l'on ne veut plus, que l'on ne peut plus, ou que l'on ne sait plus soutenir.

Il est déplorable que, trop de fois, on se fasse de ces créations un moyen de parvenir, et qu'on en rejette ensuite sur d'autres la responsabilité et les charges, ces dernières, généralement alourdies en vue du bruit à faire, et par l'escompte anticipé de ces substitutions plus ou moins habiles. — La prudence s'impose donc, et pour réussir d'une façon normale, il faut se garder, autant que possible, des frais en faisant fonds surtout sur les dévouements, et en combinant partout les efforts jusqu'alors dispersés. Par là, on éviterait ces charges écrasantes qu'on

ne peut souvent couvrir qu'au moyen de subventions plus ou moins justifiables et légitimes, et
que des mendicités concurrentes arrivent à se
disputer, dans bien des cas, au moyen de comp-
tabilités suspectes, néanmoins complaisamment
accueillies.

IV

DU PLAN D'ÉTUDES A AFFECTER A L'ENSEIGNEMENT POPULAIRE TECHNIQUE ET SUPÉRIEUR.

D'après ce que nous avons pu établir jusqu'à présent dans ce travail, il ressort suffisamment, pensons-nous, que l'enseignement complémentaire, technique et supérieur, qu'il s'agit d'organiser et d'offrir aux classes populaires, doit prendre le jeune homme au sortir de l'école primaire et le conduire, par le moyen d'un vaste patronage, jusqu'à une suffisante et satisfaisante initiation scientifique et professionnelle lui mettant entre les mains tout ce qui lui sera essentiellement nécessaire dans le cours de la vie, et tout ce qui sera propre à faire de lui un bon citoyen, un digne chef de famille et un excellent travailleur. Une telle création doit donc avoir un but, élevé et large, d'enseignement à la fois général et spécial, embrassant les besoins techniques de la région, et offrant un attrayant et utile aliment intellectuel à notre population, et en particulier à la jeunesse laborieuse.

L'harmonie sociale d'une part, et l'efficacité

plus grande du travail individuel de l'autre, doivent être le résultat auquel de tels efforts conduiraient ; mais il n'est pas douteux qu'il est difficile, au plus haut point, d'arrêter un plan d'études immédiatement et partout applicable dans un but d'enseignement populaire, technique et supérieur. Cependant, si l'on considère que le besoin d'un tel enseignement est surtout sensible dans les grands centres directeurs de l'opinion publique et de l'activité industrielle, on voit aussitôt que c'est dans ces centres précisément que l'institution peut d'abord le mieux naître et se développer.

A ne voir les choses que sous un point de vue idéal, et à supposer notre population sortie du chaos industriel, économique et social, où elle est encore plongée, chaos dont il s'agit précisément de sortir, cette question de l'enseignement populaire supérieur et celle de l'apprentissage industriel ont, pourrait-on dire, à notre sens, depuis longtemps reçu leur solution.

Nous faisons allusion à l'admirable plan d'études générales proposé par Auguste Comte, et aux conseils motivés qu'il a donnés pour la combinaison de cet enseignement général avec l'apprentissage professionnel dans des conditions consolidant, par l'action familiale, l'harmonie générale, nécessaire, de la société.

C'est ce plan que le vénérable Fabien Magnin proposait en 1879 au Congrès ouvrier de Marseille, dans une lettre qui acquit une légitime autorité parmi les travailleurs.

Le programme en question, prend l'enfant à l'âge de 14 ans, et le suppose armé, tant par ses acquisitions au sein de la famille que par celles fournies par l'enseignement primaire, de toutes les connaissances premières et indispensables sur les faits de chaque jour. Il admet qu'à cet âge l'enfant a appris à lire, à écrire, à compter, à dessiner et à chanter. Il tient pour acquis que l'enfant a reçu une foule de notions quotidiennes d'histoire et de géographie, et que de nombreuses lectures, plus la possession d'au moins une langue étrangère, lui ont fait connaître et apprécier les chefs-d'œuvre à portée de son âge, que nous devons au génie de tous les peuples. Enfin, ce programme, ouvert à un être humain *attentif et vénérant*, conditions indispensables de succès, lui développe pour les sept années qui vont de 14 à 21 ans, et concurremment avec son apprentissage professionnel, le plan des études supérieures destinées à faire du jeune homme un serviteur conscient et complet de l'humanité.

Écoutons ici ce que disait, d'après Auguste Comte, le vieil et digne ouvrier aux organisateurs de ce congrès :

Pendant la première année, les jeunes élèves achèveront d'apprendre l'arithmétique, la géométrie élémentaire, l'algèbre et autant qu'ils le pourront la géométrie descriptive.

Pendant la deuxième année, ils continueront d'apprendre la mathématique dans ses parties de plus en plus élevées et en même temps l'astronomie en vingt-trois leçons, ce qui n'offrira pas de difficultés sérieuses vu leur préparation mathématique. Cette science est celle qui montre le mieux comment le savoir a, d'âge en âge remplacé la révélation.

Pendant la troisième année, ils continueront d'apprendre les parties supérieures de la mathématique, en même temps que la physique, exercice ordinairement fort agréable aux jeunes gens, ce qui n'ôte rien à son utilité.

Pendant ces trois premières années, deux leçons par semaine sont ordinairement nécessaires. Heureusement, à cet âge, les jeunes apprentis ne doivent pas être tenus à un travail manuel de plus de sept ou huit heures, et pendant les quatre autres années, ils ne suivront les cours qu'une fois par semaine.

Pendant la quatrième année, ils apprendront la chimie, sans s'inquiéter si plus tard ils doivent être teinturiers ou droguistes, mais simplement parce que tout être humain doit avoir des clartés de tout, ainsi que le dit Molière dans une fine comédie. Et si, comme cela arrive le plus souvent, les connaissances acquises rendent les travaux plus faciles, ils auront acquis en bien-être, en loisir et en sécurité, plus que l'équivalent des ennuis qu'il leur en aura coûté pour apprendre.

Pendant la cinquième année, ils apprendront la biologie ou science de la vie, soit des végétaux, soit des animaux. Cette étude nous intéresse au plus haut degré, puisque nous sommes nous-mêmes des êtres vivants, et que nous ne pouvons vivre qu'en mangeant des êtres ayant déjà vécu. De plus, comme nous ne pouvons agir que par l'ensemble de notre organisme, depuis la plante des pieds jusqu'au cerveau lequel, comme chacun sait aujourd'hui, contient tous les organes de nos penchants, bons ou mauvais, aussi bien que ceux du caractère et de l'intelligence, nous sommes tenus de le connaître suffisamment pour en faire le meilleur usage possible.

Pendant la sixième année, ils apprendront la sociologie ou science sociale. Par là, ils acquerront la connaissance exacte et systématique de tous les faits qui ont influé, soit en bien soit en mal, sur les destinées de l'espèce humaine. Le but de cette étude sera de prévoir assez l'avenir pour se diriger sans emportement, sans faiblesse et sans hésitation, en vertu de la notion exacte des lois naturelles qui régissent la succession des transformations sociales.

Nous avons, pour atteindre ce but, une masse de renseignements non interrompus, qui remontent à plus de quarante siècles ; renseignements devenus accessibles à tous, grâce à l'ordre parfait suivant lequel ils sont présentés.

Pendant la septième année, qui sera la vingt-unième de leur âge, les jeunes élèves apprendront la morale purement humaine, sans aucun mélange de révélation surnaturelle.

Encore faut-il ajouter, dirons-nous, que dans le système d'éducation qu'il a proposé, Auguste Comte demande à chaque Occidental, sans distinction de classe ni de sexe, de posséder, outre sa langue maternelle et les deux langues grecque et latine, au moins deux des langues vivantes les plus proches, c'est-à-dire l'anglais et l'allemand pour un Français du nord, l'espagnol et l'italien pour un Français du midi. Cette préparation donnerait à tous les vrais citoyens le moyen de tirer le fruit le plus utile de la lecture des ouvrages constituant la Bibliothèque positiviste

au XIXᵉ siècle que le fondateur du Positivisme
a conseillée, et qui réunit, en 150 volumes choisis,
les plus beaux chefs-d'œuvre de poésie, de
science, d'histoire et de synthèse que le passé a
produits en Occident.

Certes, ce serait une grandiose rénovation que
celle qui résulterait de la mise en pratique d'un
tel programme et dans de telles conditions;
malheureusement, c'est encore un idéal lointain,
et s'il est bon d'en faire comme la formation à
réaliser un jour, il est pratique de se mettre à
l'œuvre avec tous les moyens dont déjà nous
pouvons disposer, et en tenant compte des
exigences auxquelles notre époque nous con-
damne à nous soumettre.

C'est là, du reste, hâtons-nous de le dire, l'esprit
et le caractère de cette haute et forte doctrine du
Positivisme, à laquelle, personnellement, nous
devons tant, que d'être essentiellement relativiste,
et de poursuivre l'idéal le plus élevé à travers
toutes les adaptations secondaires et transitoires
qu'une appréciation intelligente des forces de
l'homme et des résistances du milieu fait reconnaître comme nécessaires. A cette doctrine sans
cesse en progrès, comme les sciences sur lesquelles sa philosophie repose, et qui des faits de
chaque jour entend tirer de nouveaux éclaircis-
sements; au besoin même, des amendements et
des rectifications, on peut et l'on doit rattacher
tout effort qui, par les moyens les plus efficaces

et le plus à notre portée, est capable de nous rapprocher de cet idéal dont elle encourage ceux qui se livrent aux travaux qu'elle provoque.

C'est ainsi qu'Auguste Comte fut amené à plusieurs reprises à désirer et à provoquer, en divers domaines, des alliances qui eussent été fécondes si son appel avait toujours été entendu. Pour ne citer qu'un exemple, en rapport direct d'ailleurs avec cette étude, on le vit en 1831 s'entendre avec un groupe de savants pour fonder l'utile *Association polytechnique* dont l'œuvre fut malheureusement longtemps entravée.

Mais de nos jours les cours publics et gratuits ont, en bien des circonstances, montré une vitalité et une valeur qui méritent qu'on leur accorde l'attention la plus soutenue; et l'on peut tirer, par exemple, un grand enseignement de l'organisation d'une société parisienne dont tout le monde connaît les beaux services rendus à l'enseignement populaire.

L'*Association philotechnique*, assumant pour tâche la moralisation populaire, l'enseignement général, ainsi que l'enseignement technique, commercial et industriel, s'appuyant sur le patronage de tous ceux qui veulent bien s'intéresser à son œuvre, et s'assurant le concours de plusieurs chambres syndicales *patronales et ouvrières*, est arrivée à organiser, dans de nombreuses sections, des cours de langue française, de langue anglaise, de langue allemande, de langue italienne, de langue espagnole, de langue portugaise, d'histoire, de géographie commerciale et industrielle, de comptabilité, de sténographie, de banque et de change, d'opérations de bourse, d'assurances, de législation usuelle, d'économie politique, d'arithmétique et d'algèbre, de géométrie, de trigonométrie, de mécanique, de physique, de chimie, d'histoire naturelle, d'hygiène et de médecine usuelle, d'électricité et de magnétisme, de télégraphie et de téléphonie, d'éclairage électrique, d'histoire de l'art, d'anatomie artistique, de dessin, de peinture sur porcelaine et faïence, de photographie, de modelage, de coupe et de confection, de patronage et de coupe pour la chaussure, de construction pratique, de coupe de pierre et de charpente, d'arpentage et de nivellement, d'enseignement professionnel technique pour les ouvriers et apprentis mécaniciens, chauffeurs, chaudronniers, fondeurs, ajusteurs, etc., d'autres cours pareils pour les relieurs, etc., etc.

En outre, des causeries littéraires et scientifiques de 40 minutes ont lieu, par exemple, à la section Condorcet, avant les cours, à huit heures du soir.

D'autres nombreux et intéressants modèles pourraient encore être invoqués, et dans notre *Etude sur l'enseignement professionnel* nous y avons assez fait allusion; mais ce que que nous venons de relever à l'honneur de l'*Association philotechnique*, fait bien voir, largement voir, que l'initiative privée peut avoir une action considérable, pleinement suffisante, dans ce domaine de l'enseignement populaire, technique et supérieur, et que la distribution des études peut s'y faire, tant pour l'enseignement général que pour l'enseignement spécial, d'une manière très satisfaisante et relativement facile.

Du reste, on peut imiter à ce propos l'*Association philotechnique* elle-même, qui s'efforce, dans la mesure du possible, de créer les cours qui lui sont demandés par un nombre suffisant d'élèves.

En embrassant les besoins techniques de la région et les besoins généraux de la population, le rattachement de l'enseignement spécial aux connaissances scientifiques générales se ferait nécessairement d'une façon rationnelle et pratique tout ensemble, d'après l'importance relative des besoins en question. C'est ainsi qu'à ne considérer que le point de vue havrais, on serait utilement amené à examiner quelles industries nouvelles pourraient être acclimatées au Havre, et quels cours il y aurait lieu d'instituer dans cette vue, de manière à préparer, à faciliter et à favoriser l'emploi de la main-d'œuvre locale. Il serait également bon de se préoccuper, dans cette voie, de l'utilisation des chômages périodiques de certaines professions. L'industrie et le commerce du Havre, partant toute la ville, ne pourraient que gagner beaucoup et rapidement à voir une telle action s'exercer au sein de la population.

Nous croyons, du reste, pouvoir affirmer que tous les éléments nécessaires à une telle action existent parfaitement, et pourraient avec un peu de volonté se grouper aisément selon l'objet qui nous dicte ces lignes. C'est à ce groupement que nous devons maintenant donner notre attention, afin d'illustrer, par une application locale, la thèse que nous prenons la liberté de soutenir au point de vue de l'intérêt de tout le pays.

V

DES VOIES ET MOYENS PROPRES A RÉALISER GRADUELLEMENT L'ORGANISATION DE L'ENSEIGNEMENT POPULAIRE TECHNIQUE ET SUPÉRIEUR.

Après avoir reconnu le besoin intense et général de créer partout où il est possible des centres d'études et de vulgarisation scientifique, surtout par rapport au domaine économique et social que néglige trop, et nécessairement, l'enseignement primaire donné aux masses; après avoir acquis la conscience de ce qu'une telle entreprise, en raison même de la diversité si grande des opinions, doit surtout s'inspirer d'un esprit libéral et relativiste de rénovation populaire, nous devons arrêter notre attention sur les moyens que nous pouvons nous assurer dans la poursuite du but que nous nous assignons.

Maintenant, en effet, que nous avons insisté assez sur l'utilité générale des cours publics et des conférences populaires, nous allons pouvoir, en soulignant la nécessité de relier ces cours et ces conférences, et de les graduer méthodique-

ment, examiner plus particulièrement à quels
moyens il conviendrait de recourir pour pouvoir
développer avantageusement l'enseignement auquel nous avons consacré cette étude.

A cet égard, nous devons nous hâter de dire
qu'en raison de ce que l'enseignement populaire,
complémentaire de l'enseignement primaire,
est désormais indispensable, et de ce que cet
enseignement doit, aussi largement que possible,
répondre aux besoins généraux de la population
et de la région, nous croyons qu'il est devenu
urgent de travailler partout à la formation de
grands syndicats d'enseignement populaire,
technique et supérieur, groupant les diverses
sociétés professionnelles, d'études et d'enseignement qui existent déjà, et provoquant la création
de celles qui manquent encore.

L'union est toujours un principe de force, à
quelque point de vue que l'on se place, et pour
l'objet que nous considérons, il est certain
qu'une telle formation aboutirait, avec une
grande économie d'efforts, à une productivité
plus grande pour chacune des sociétés syndi-
quées; grâce, notamment, à un effet moral plus
considérable, et au secours réciproque que ces
sociétés seraient à même de se prêter régulière-
ment.

Tout en rendant un sincère et profond hom-
mage aux œuvres de vulgarisation qui partout
fonctionnent, et tout en appréciant le persévé-

rant dévouement de leurs organisateurs, tout en rendant justice aussi aux résultats obtenus, nous pouvons facilement concevoir qu'il reste partout beaucoup à faire, et que le groupement des moyens actuellement à notre disposition leur donnerait réellement une efficacité plus grande et une portée plus considérable.

Il faut remarquer que dans cette matière, le but étant essentiellement général, les moyens d'action doivent s'en ressentir, afin d'établir toujours la convergence nécessaire entre les différentes entreprises poursuivies, et afin de graduer et compléter normalement l'enseignement partout distribué.

Ce n'est pas nuire aux spécialisations utiles que de les faire se rattacher les unes aux autres.

Que l'on ait eu en vue plus spécialement dans un cas donné, un but scientifique, artistique ou littéraire; un but essentiellement patriotique; un but économique, commercial, industriel, ou purement professionnel, il arrive que, toujours, on a travaillé dans un but général d'amélioration morale et matérielle, toutes réserves faites quant au temps à attribuer à l'expérience totale; mais il arrive aussi que, faute d'une entente préalable et continue, on ne tire pas toujours tout le fruit qu'on devrait obtenir du concours de toutes les bonnes volontés et de toutes les intelligences dont on dispose.

Nous avons ainsi une grande quantité de

sociétés qui poussent à l'étude et à la vulgarisation de la science et de l'art, ou qui ont fondé des cours techniques. Elles rendent d'incontestables et incontestés services; mais elles n'ont entre-elles aucune entente suivie, et souvent aussi leur action bienfaisante s'exerce d'une manière intermittente et inégale, sans que l'on puisse y voir l'agencement systématique et gradué qui donne tant de valeur aux choses enseignées.

Ces sociétés ont fait le premier pas, le pas le plus difficile; elles se sont créées et elles ont vécu; mais elles doivent sentir que tout n'est pas fait tant qu'il reste à faire et que leur action spéciale ne pourra que gagner, sous tous les rapports, à se combiner, par une commune entente entre elles toutes, et en complétant systématiquement l'enseignement qu'elles donnent avec un si admirable dévoûment.

Ces sociétés ont, en outre, une autre bonne œuvre à accomplir, et qui consiste à tendre la main à des groupements qui cherchent encore leur voie, ou à provoquer la création de sociétés nécessaires.

En effet, partout nous voyons que l'enseignement tant général que spécial est donné aux adultes par les soins de l'Etat, des départements, des communes, des associations savantes, des corporations et des particuliers; mais combien de sociétés professionnelles n'ont malheureusement pas encore pu ou su s'assurer le mérite et les profits de l'enseignement spécial propre à la fonction économique de leurs membres, et qui végètent dans l'impossibilité de se renouveler, de se recruter d'une manière normale et continue, ce que leur assurerait au moins leur participation aux efforts entrepris dans un but d'enseignement auprès des adultes.

Et par un exemple, pris au Havre même, auquel nous songeons plus particulièrement en traçant ces lignes, on peut montrer qu'il est très possible de réussir dans cet ordre d'idées, même pour les professions qui pourraient paraître le moins s'y prêter. Il suffit de rappeler quelle magnifique école de dévouement et de progrès social une société havraise a pu être il y a quelques années, dans le temps trop court qu'elle a vécu, si nous en croyons les résultats qu'elle revendiquait comme siens.

Cette société qui a sombré pour des motifs qui n'auraient pas dû l'atteindre, constituait un patronage industriel pour les apprentis employés dans la métallurgie et les industries qui s'y rattachent, et, avec un budget total annuel de 2,000 fr., elle avait organisé des cours de mécanique et de traçage, de géométrie, de dessin, d'arithmétique, de géographie industrielle et de métallurgie. Elle voulait créer des cours de chimie élémentaire, de comptabilité industrielle, de chaudronnerie. Le concours des professeurs était gratuit.

Dans cet ordre de préoccupations et en combinant, en ordonnant leurs efforts d'après une entente commune, les diverses Sociétés d'une même localité pourraient avoir sur la population la plus légitime et la plus saine influence.

C'est par de tels moyens, comportant une suite voulue et systématique d'entretiens appropriés que l'on pourrait le mieux parvenir à dissiper ces idées fausses, incomplètes et incohérentes, dont le succès croissant constitue à l'heure actuelle un des plus graves dangers auxquels nous ayons à faire face, tant dans l'ordre politique que dans l'ordre économique et social.

N'oublions jamais que les idées mènent le monde, et, partant, que la santé cérébrale est le premier et le plus indispensable besoin de toute société organisée.

Malheureusement, il faut reconnaître que les conditions de l'existence matérielle et morale d'une grande partie de la population ne permettent pas d'entrer directement en contact avec elle.

Ainsi il faut, en cette matière, regarder comme à peu près sacrifiée à ses habitudes, à ses besoins, à ses intérêts, à ses sentiments, une trop grande partie de la génération actuelle. Les progrès sérieux et durables ne peuvent guère s'accomplir, en effet, qu'en vertu d'une forte préparation chez ceux qui les poursuivent méthodiquement.

La conception scientifique de nos réels besoins
politiques, économiques et sociaux, n'est guère
accessible, en beaucoup de cas, il faut en conve-
nir à ceux qui, engagés depuis longtemps dans
les luttes destinées à satisfaire ces besoins, pourraient avoir la mauvaise chance de devoir
considérer leur situation sous le jour scientifique, comme étant inique ou parasitaire. La
vérité leur serait trop désagréable, et il ne
saurait être admis par eux qu'on doive quelque-
fois dépouiller le vieil homme, et se faire
une conscience nouvelle.

Rares aussi sont les hommes qui savent aller
jusqu'au bout de leur pensée, et qui peuvent, au
besoin, mettre leurs convictions entières au-dessus de leurs intérêts; mais qu'ils sont nombreux,
par contre, ceux qui, victimes trop résignées de
notre ignorance, de nos travers et de notre into-
lérance, se taisent prudemment sur tant de
questions brûlantes, isolés qu'ils sont, et sans
défense, contre les lâchetés et les perfidies ano-
nymes ou collectives. Il y a, sous ce rapport,
tout autour de nous de lamentables capitulations
de conscience, et quantité de caractères se dé-
priment, à qui souvent il n'a manqué qu'un peu
d'appui et d'encouragement.

Mais cela ne peut faire obstacle à ce que ceux
qui ont foi dans l'avenir, et qui sont des hommes
de bonne volonté, comprennent et affirment l'u-
tilité d'une formation qui, se répétant dans tout

le pays, répandrait une intense lumière dans l'opinion publique, d'ici à peu d'années, par le contact étroit, systématique et salutaire, qu'elle établirait entre une foule de bons citoyens, aujourd'hui séparés ou même entièrement isolés.

Comment pourrait-on douter, d'ailleurs, de l'avenir réservé à de telles créations, quand on sait quel brillant et légitime succès l'*Association philotechnique* et d'autres institutions du même genre, ont su s'assurer auprès du public, aussi bien dans leurs cours de langues, de sciences et d'applications industrielles, que dans leurs cours purement professionnels, et avec des ressources très faibles.

Ouvrant des cours au fur et à mesure des besoins qu'elle reconnaît, et sur la demande de ses élèves, ne voyons-nous pas l'Association philotechnique suffire à 400 cours répartis en 25 sections, et distribuer un enseignement supérieur et professionnel qui lui a valu les témoignages les plus autorisés d'admiration et de sympathie.

Combien aussi elle a eu raison de s'unir avec un certain nombre de chambres syndicales, patronales et ouvrières, pour tirer de cette organisation un encouragement et une puissance d'action, qui assurent et élèvent le généreux avenir vers lequel elle tend.

L'organisation a une importance capitale dans ces matières, et si nous avons des intelligences et des bonnes volontés, il faut aussi nous assurer le lien et le stimulant capables de les faire converger, avec la méthode et la continuité nécessaires, vers le but que nous voudrions offrir à l'enseignement des adultes.

En examinant ce qui a manqué et ce qui manque à l'enseignement partout donné aux adultes, la double nécessité d'offrir un but commun aux groupements existants, et d'étendre, en l'élevant beaucoup, l'enseignement dont nous nous occupons, apparaît d'une manière bien évidente; mais, en même temps, on voit clairement qu'il est impossible de satisfaire à cette nécessité sur la base des errements actuellement suivis presque partout, attendu qu'il en résulterait une augmentation beaucoup trop considérable des frais auxquels il faut faire face.

Une réforme s'impose qui, par l'alliance des diverses associations, éviterait l'inutile répétition de beaucoup de frais, et qui, combinant parallèlement les dépenses et les recettes, ne paierait, par exemple, les professeurs — quand on ne pourrait faire autrement que de les payer — qu'en raison du produit budgétaire, d'après la présence des élèves, le nombre des élèves et les résultats scolaires.

En faisant, dans une région donnée, un appel convenable aux sociétés qui s'occupent des progrès intellectuels et matériels du pays, aux sociétés savantes, de vulgarisation, aux associations professionnelles, etc., à toutes les personnes capables, d'une manière ou d'une autre, d'apporter un utile concours aux œuvres d'enseignement populaire, on doit arriver à la formation d'un grand groupement centralisant les ressources qui s'éparpillent actuellement, et donnant une intensité considérable aux efforts actuellement isolés, en en faisant bénéficier un public beaucoup plus étendu.

Ainsi les ressources s'augmenteraient par un appel beaucoup plus large à toutes les bonnes volontés disponibles, et par une meilleure économie des moyens d'action.

Il devrait même devenir de règle pour les pouvoirs publics, à tous les degrés, de concentrer leurs encouragements sur un tel groupement centralisateur. *Il n'est pas admissible que le fait d'avoir une idée quelconque, présidant à la formation du moindre groupement, autorise, comme on le voit partout, au pillage des caisses publiques.* Ceux qui sont mus par des inspirations humanitaires et philantropiques devraient agir à leurs risques et périls, et non pas se tailler un droit aux subventions publiques en le sanctionnant par des sollicitations importunes et opiniâtres, ou par des agissements électoraux plus ou moins efficaces, et en tous cas parfaitement contraires aux principes de saine administration publique et de réel patriotisme. Cet éparpillement des subventions publiques, auquel nous assistons, est à tous égards lamentables, et l'inertie des contribuables est sous ce rapport tout à fait inconcevable

Quelque coûteux qu'en puisse être l'aveu, nous devons ici nous accuser nous-même d'une défaillance que nous avons souvent regrettée, et que nous considérons comme un devoir de rétracter publiquement. Emu à la vue d'une situation spéciale réellement malheureuse, mais où le point de vue essentiellement propre à l'enseignement était resté négligé, nous avons fait écho dans notre brochure sur *Une expérience mutuelliste d'enseignement professionnel*, et dans une certaine mesure, à une demande de subvention ; or, précisément, et en raison surtout de l'éparpillement et du gaspillage qu'elles entraînent, nous ne pouvons pas, nous l'avons déjà dit, ne pas blâmer ces subventions, si facilement octroyées à toute œuvre quelconque se qualifiant d'intérêt public.

Il serait désirable que dans cette question des subventions, on en vînt partout à admettre qu'elles doivent avoir un caractère essentiellement temporaire, qu'ensuite, et contrairement aux habitudes malheureusement reçues, elles doivent tendre à rapidement décroître, et qu'enfin l'inscription au budget public devrait se faire en une seule rubrique, suivant la nature de l'objet auquel elle s'applique, et de manière à rester indifférente à l'accroissement des œuvres similaires ou concurrentes, chaque création nouvelle, au lieu d'entamer le budget public, devant n'entamer que la part précédemment donnée aux autres œuvres subventionnées.

Même, à ce dernier point de vue, l'alliance des Sociétés entre elles devrait s'imposer au point de vue de l'application des fonds de subvention. De cette manière, la subvention publique garderait, dans son application, un caractère réellement public et général.

Mais, du reste, s'il est admissible et légitime d'aider *à la formation* d'une entreprise destinée à agir favorablement sur l'esprit et les coutumes de la population, il est évident qu'une telle entreprise doit viser à atteindre une situation *normale*, lui permettant de vivre *avec ses propres ressources*. Tout autre point de vue est réellement déraisonnable, et contraire à toute saine vue administrative.

C'est aux groupements qui s'organisent d'envisager virilement leurs obligations, et de ne pas les mettre à la charge d'autres que d'eux-mêmes.

C'est ainsi que, dans cette question de l'enseignement populaire, on peut souligner le bel exemple donné par l'*Association philotechnique*, à laquelle nous pourrons utilement encore recourir pour en tirer des enseignements précieux.

Voici, en effet, ce que dit cette Société, si

remarquable à tant de titres, en ce qui concerne son personnel enseignant :

Le personnel enseignant de l'*Association philotechnique* se compose de professeurs qui font *leurs cours gratuitement*, ne devenant titulaires qu'après un an de stage, et qui ne reçoivent définitivement de diplôme qu'après une année et demie de cours effective.

Or, pour voir ce que, dans ces conditions, elle a pu obtenir, voici un relevé du nombre des titres et qualités de ses professeurs titulaires pour l'exercice 1890-91 :

	hommes	femmes
Docteurs ès-sciences, ès-lettres, en médecine, en droit...............	18	2
Anciens élèves de l'Ecole Polytechnique, de l'Ecole Centrale (Ingénieurs des arts et manufactures)	12	—
Licenciés ès-sciences..............	21	—
» ès-lettres et en philosophie	3	—
» en droit.................	9	—
Professeurs agrégés de l'Université	5	2
Bacheliers...................	54	1
Médecins....................	1	1
Certificats pour l'enseignement des langues vivantes	8	11
Certificats d'aptitude à l'enseignement du chant....................	5	1
Brevets supérieurs................	16	20
» élémentaires...............	12	18
A reporter...........	164	65

	hommes	femmes
Report	164	65
Architectes diplomés des Beaux-Arts et professeurs de dessin diplomés	6	4
Diplômes des hautes études commerciales..........................	2	—
Anciens élèves des Ecoles d'Arts et et Métiers	10	—
Anciens élèves de l'Ecole des Beaux-Arts	14	—
Conducteur des Ponts-et-Chaussées ou des travaux de la Ville.......	7	—
	203	69
Non diplomés......................	65	13
	268	82

Les professeurs non diplomés des cours techniques, dits pratiques, sont chaque fois des gens du métier.

L'*Association philotechnique*, outre ces 350 professeurs titulaires, comptait encore 68 professeurs stagiaires, dont 60 hommes et 8 femmes.

Ces résultats sont vraiment admirables et montrent ce que l'on peut raisonnablement espérer d'une bonne organisation; mais sans aller toujours jusqu'à la gratuité absolue des services d'enseignement, il est évident qu'on doit partout cesser de tabler sur des dépenses fixes, incompressibles sinon en continuel accroissement, au moyen desquelles on se fait de commodes arguments pour obtenir des prélèvements sans fin sur les caisses publiques.

Convenablement agencée, la centralisation que nous préconisons pourrait, en chaque lieu où elle s'organiserait, arriver à obtenir, nous en avons la conviction, des résultats comparables à ceux que nous venons de rappeler. En divers cas même, selon la région et les ressources spéciales qu'elle pourrait offrir, ces résultats constitueraient une prompte amélioration des conditions matérielles et morales de l'existence de la population. Il nous reste à voir quels avantages particuliers on pourrait tirer d'une pareille organisation, et quels procédés il conviendrait qu'elle emploie.

VI

RÉSUMÉ DES AVANTAGES ET APERÇU DES PROCÉDÉS DE L'ORGANISATION PROPOSÉE

On ne conteste plus que les cours publics d'adultes et les conférences populaires sont éminemment propres, pourvu que leur action soit suffisante et bien ordonnée, à remédier aux vices, aux défauts, aux lacunes d'une première éducation, aussi bien par leur action immédiate, actuelle et directe, que par l'influence générale et très moralisante, à laquelle ne peuvent pas ne pas obéir ceux qui les suivent.

La direction et l'intensité des pensées, le contrôle et l'aliment des conversations, les réactions individuelles et collectives, intellectuelles et morales qui en résultent, et qui en sont la raison et la beauté, font assez voir quelle chose précieuse nous avons dans ces moyens de culture sociale. Avec une organisation qui en multiplierait l'efficacité et la fréquence dans des proportions considérables, on peut facilement imaginer quels heureux effets l'enseignement populaire arriverait à déterminer.

Il pourrait bien se produire, en quelques cas, une certaine opposition à cette centralisation, à cette entente commune, qui, d'ailleurs, laisserait facilement son individualité propre à chaque société groupée ; mais cette opposition, qui viendrait probablement des sociétés elles-mêmes, par des raisons plus ou moins dissimulées d'amour-propre, et qui s'affirmerait par des exigences outrées, envers le groupement général, devraient, dans un temps assez court, tant dans l'intérêt de la région que dans celui de la population, faire place à une meilleure et plus saine appréciation des choses.

Il ne nous paraît pas admissible, par exemple, qu'un cordonnier puisse refuser longtemps de s'entendre avec tous les professionnels quelconques pour acquérir les notions, les connaissances qui lui sont journellement nécessaires ou utiles sur la comptabilité, ses obligations commerciales, civiles et civiques, etc. — L'intérêt individuel deviendrait ainsi un argument puissant, concurremment avec l'intérêt général, en faveur de ces vastes associations d'enseignement scientifique et technique que chaque région et que chaque localité importante devraient posséder et maintenir dans une activité continue, sans perdre de vue les intérêts spéciaux au lieu où elles fonctionneraient ; lesquels devraient d'ailleurs être rattachés à des vues plus générales.

Le champ d'action de telles organisations serait donc aussi étendu et aussi exploité que possible. C'est ainsi qu'à considérer spécialement ce que l'on pourrait et devrait faire au Havre, dans ce grand port, où l'industrie est loin de s'être suffisamment développée, malgré la grande situation qu'occupe la ville, une telle organisation présiderait à l'institution de cours et de conférences constituant un magnifique enseignement populaire, technique et supérieur, et s'appuyant sur la formation d'un musée commercial et industriel, d'ateliers, de laboratoires et de bibliothèques, etc., constamment à la disposition des travailleurs.

Nous croyons, en effet, qu'une ville comme le Havre, fière à juste titre de posséder des monuments où viennent s'abriter des collections artistiques et scientifiques, devrait également posséder un musée de commerce et d'industrie, véritable palais du travail, pourvu de salles d'études et d'expériences, où la jeunesse studieuse, et aussi l'enfance scolaire, devraient être fréquemment appelées et conduites, et qu'on pourrait avantageusement confier à la garde et à la sollicitude spéciale des syndicats professionnels.

Qu'on imagine, par exemple, quelle admirable destination recevrait ainsi, à défaut d'un monument plus central, le Cercle Franklin, qu'on ne sait depuis longtemps utiliser suffisamment, et qui deviendrait de cette manière un temple populaire consacré à l'étude et au travail.

On y trouverait des cabinets de physique et de chimie, des laboratoires, où chacun pourrait, sous une surveillance appropriée et à l'instar de ce qui se passe dans d'autres villes, répéter les expériences autorisées. On y verrait de vastes collections de produits naturels et fabriqués, et tout ce qui pourrait constituer, d'après un arrangement méthodique, comme une histoire visuelle du commerce et de l'industrie. On y remarquerait un dépôt de machines, de modèles, de copies de machines, d'instruments, de dessins, de gravures, de descriptions et de livres.

On aurait là un guide pour l'étude et pour le travail, et comme un appel puissant aux talents cachés, ou qui s'ignorent.

Ce serait le centre d'études de tous les genres d'arts, de professions, de métiers, dans tous les pays, à toutes les époques.

Nos capitaines et nos voyageurs y apporteraient une foule de choses qu'on ne saurait où mettre aujourd'hui. Nos négociants, nos industriels et nos artisans contribueraient à l'enrichir de leurs dons. Les travaux de dames y auraient leur place et le travail féminin à la maison y trouverait peut-être un moyen de renaissance et de développement.

Avec ses laboratoires et ses ateliers, ce serait un vaste laboratoire général scientifique et industriel. Nous y aurions bientôt de véritables archives artistiques, scientifiques, industrielles et commerciales d'une richesse qui ferait l'orgueil légitime de la ville, et dont l'utilité serait aussi réelle que fréquente, par la tendance qui conduirait nos travailleurs à en faire, avec raison, leur lieu favori de réunion, et par l'effet constant de ce développement visuel donné d'une manière continue à l'histoire du travail.

Et pour réussir dans une telle entreprise, est-ce que l'on ne pourrait pas compter pour la construction et pour le dessin des modèles de machines, sur le concours des élèves des écoles primaires et des écoles d'apprentissage ? N'y aurait-il pas là, pour tous, des travaux intéressants et utiles à accomplir ? Le portefeuille des grands établissements parisiens ne s'ouvrirait-il pas pour faciliter la copie des modèles, des dessins de toute nature?

Est-ce qu'on ne pourrait pas ouvrir des concours-expositions pour la construction de ces modèles, pour le relevé de ces dessins ? Ouvriers, dessinateurs, employés, étudiants, professeurs et élèves de nos écoles, tous tiendraient à honneur de participer à l'organisation et au succès d'une pareille œuvre.

Combien de pauvres inventeurs, de braves ouvriers, occupant honorablement leurs loisirs par des travaux d'une originalité souvent réelle, seraient heureux de pouvoir offrir leurs inventions, leurs modèles, leurs créations à ce musée, lequel, au besoin, serait outillé de manière à pouvoir prendre, en leur nom et pour leur compte, à peu de frais comme intermédiaire, et en s'entendant avec les offices spéciaux, le brevet d'invention dont les démarches les effraient, et dont l'utilité paraîtrait démontrée.

En mettant au concours l'exécution d'un modèle de machine, nécessaire à la collection du musée, la pièce récompensée prendrait place dans les collections gardées, et les autres pourraient former la matière de tombolas profitant à l'institution.

D'autres moyens pourraient encore être employés, notamment pour attirer la formation d'une main-d'œuvre capable de répondre à l'appel de nouvelles industries systématiquement attirées et favorisées dans la ville. En même temps, peut-être, pourrait-on trouver là le moyen, qui fait encore déplorablement défaut, de rectifier les carrières, soit faute d'aptitudes individuelles, soit par suite de l'encombrement de certaines professions. On pourrait aussi chercher à créer des moyens de travail destinés à utiliser les chômages périodiques ou inattendus.

Remarquons enfin que l'on serait amené par d'incessants contacts, et par des observations continuelles, à améliorer les conditions du travail, et notamment l'hygiène du travail au moral comme au physique. Et par les relations cherchées à ce centre, ne serait-on pas conduit à utiliser de nouveaux moyens d'action commerciale et industrielle à l'extérieur ?

Nous croyons fermement, quant à nous, qu'une organisation qui pourrait grouper tous ces moyens d'action, serait une œuvre considérablement utile ; comme nous croyons que, dans l'état présent des choses et en face de l'actuelle maladie intellectuelle et sociale, dont le désordre général de l'opinion est le triste symptôme, une telle organisation s'impose.

Pour notre part, nous pensons et, chaque fois que nous l'avons pu, nous avons cherché à faire voir que les *syndicats professionnels*, les *sociétés d'études économiques et sociales* et les *sociétés de vulgarisation scientifique et technique*, ainsi que, d'une manière générale, toutes les associations et tous les citoyens dont l'horizon d'idées ne se limite pas à la considération exclusive et superficielle de l'intérêt immédiat et personnel, doivent se tendre la main, franchement et promptement (1) pour dissiper l'ignorance et l'in-

---

(1) Notre présente proposition vient compléter l'objet que nous avons poursuivi en diverses circonstances au sujet des moyens propres à donner à l'opinion publique des organes moins imparfaits, moins passionnés, moins dépendants de l'intérêt particulier que ceux qu'elle possède aujourd'hui, et qui ne la renseignent et ne l'éclairent que d'une manière extrêmement incomplète et dangereuse. Nous avons ainsi cherché à renouveler l'esprit d'une corporation des plus importantes et des plus intéressantes. Nous avons contribué à la formation d'un groupement professionnel, qui, nous l'espérons, donnera les meilleurs résultats. Nous· avons demandé, dans une étude que le *Recueil Havrais des Employés de bureau* a publiée, la création au Havre d'une société s'occupant spécialement de questions économiques et sociales en vue de travailler à la défense des intérêts économiques et administratifs de la ville et du port. Nous nous efforçons enfin de montrer que le groupement de toutes les forces de ce genre, dans un but d'éducation générale et de rénovation de l'opinion publique, serait une œuvre de la plus haute utilité, qui ne pourrait manquer d'agir efficacement, et de la plus heureuse manière, sur l'ensemble des esprits au milieu desquels elle serait appelée à fonctionner,

conscience publiques, pour défendre l'harmonie
sociale et pour arriver, par une loyale recherche
et par un travail soutenu, à protéger notre pays,
et par là même l'Occident, contre cet inconnu
chaotique et menaçant vers lequel nous pousse,
avec une force qu'on est trop porté à ne pas assez
apprécier, une agitation incohérente et funeste, où
se combattent les intérêts les plus considérables et
les sentiments les plus puissants, sans que des
vues de raison puissent être efficacement invo-
quées pour corriger les plus flagrantes erreurs
et pour nous prémunir contre les plus effrayantes
déviations. C'est à la science vulgarisée, dirons-
nous, qu'il faut sans délai demander ces vues
de raison. Souhaitons que cette opinion fasse
son chemin et répétons avec Comte qu'il faut
savoir pour pouvoir, afin de pourvoir. Le
savoir est, en effet, le secret de toute volonté,
de toute puissance et de toute providence.

EMILE DELIVET.

TABLE DES MATIÈRES

Imprimerie du JOURNAL DU HAVRE, 9, quai d'Orléans